Sous les étoiles
تحت ضوء النجوم

Sam Sagolski
Illustré par Elena Kisenkova

www.kidkiddos.com
Copyright ©2023 by KidKiddos Books Ltd.
support@kidkiddos.com

Tous droits réservés. Aucune partie de ce livre ne peut être reproduite, sous quelque forme que ce soit ou par quelque moyen électronique ou mécanique, y compris les systèmes de stockage et de recherche d'informations, sans l'autorisation écrite de l'éditeur, sauf dans le cas de courtes citations incluses dans une critique littéraire. Première édition, 2025

Traduit de l'anglais par Oumaima Aloui
تُرجم عن الإنجليزية بقلم أميمة العلوي
Révision en arabe par Silvia Morgan
دقق الترجمة إلى اللغه العربية: سيلفيا مرجان

Library and Archives Canada Cataloguing in Publication
Under the Stars (French Arabic Bilingual) / Sam Sagolski
ISBN: 978-1-83416-159-4 paperback
ISBN: 978-1-83416-160-0 hardcover
ISBN: 978-1-83416-158-7 eBook

Veuillez noter que les versions française et arabe de l'histoire ont été rédigées pour être aussi proches que possible. Toutefois, certaines différences subsistent afin de respecter les nuances et la fluidité propres à chaque langue.

Salut les amis ! Je m'appelle Mark.

مَرْحَبًا يَا صَدِيقِي! أُدْعَى مَارْك.

Et voici mes frères : Steven et Eric. Je suis le plus jeune.

هَؤُلَاءِ إِخْوَتِي: سْتِيفِنْ وإيرِيكْ، وَآنَا أَصْغَرُهُمْ.

Aujourd'hui, c'est notre dernier jour d'école ! Les vacances d'été sont enfin là.

اليَوْمَ هُو اليَوْمُ الدِرَاسِيُّ الأَخِيرْ. وَأَخِيرًا بدأَتْ العُطْلَةُ الصَيْفِيَةُ.

Ma famille et moi partons en voyage. Je ne sais pas où on va. Maman et papa disent que c'est une surprise.

سَأَذْهَبُ رِفْقَةَ عَائِلَتِي فِي رِحْلَةٍ دُونَ أَنْ أَعْلَمَ وِجْهَتَهَا. أَخْبَرَنِي وَالِدَيَّ أَنَّهَا مُفَاجَأَةٌ.

Maintenant que l'école est finie, je peux faire la grasse matinée, jouer avec mes frères et aller à pied chez le marchand de glace en bas de la rue.

بِمُجَرَّدِ انْتِهَاءِ العَامِ الدِرَاسِيِّ، يُمْكِنُنِي الآنَ النَوْمُ قَدْرَ مَا أَشَاءُ واللَّعِبَ مَعَ إخْوَتِي وَزِيَارَةَ مَحَلِّ بَيْعِ المُثَلَّجَاتِ آخِرَ الطَريق.

J'adore vivre en ville !

إنِّي أُحِبُّ العَيْشَ فِي المَدِينَةِ!

Mes parents nous appellent de la voiture.
– Hé, les garçons ! Montez !

دَعَانا وَالِدَيْنَا لِرُكُوبِ السَّيَّارَةِ: "هَيَّا اركبوا يَا أَوْلَادْ!"

Je m'assois entre mes frères et je regarde autour de moi.
Je vois des casseroles, des poêles, ma couverture et mon oreiller préférés.

تَوَسَّطْتُ إِخْوَتِي وَنَظَرْتُ حَوْلِي، فَلَمَحْتُ أَوانِي وَمَقَالِي وَبَطَّانِيَّتِي وَوِسَادَتِي المُفَضَّلَتانْ.

– Pourquoi mes affaires sont ici ? je demande.

تَسَاءَلْتُ: "لِمَاذَا تُوجَدْ كُلُّ أشْيَائِي هُنَا؟"

D'habitude, j'aime bien les surprises, mais là, j'ai un mauvais pressentiment.

فِي العَادَةِ لَا تُزْعِجُنِي المُفَاجَآتُ، غَيْرَ أنَّ حَدْسِي هَذِهِ المَرَّةَ لَمْ يُبَشِّرْنِي بِالخَيْرِ.

Steven et Eric regardent tout le matériel chargé à l'arrière. Ils affichent un grand sourire.

ألْقَى سْتِيفِنْ وَإِرِيكْ نَظْرَةً عَلَى كُلِّ الأَشْيَاءِ خَلْفَهُمَا وَابْتَسَمَا.

– On va CAMPER ?! ils s'écrient.

ثُمَّ هَتَفا: "هَلْ سَنَذْهَبُ لِلْتَخْيِيمِ؟"

Mon estomac se noue. Le camping ? C'est ça, la surprise ?
Je ne veux pas camper !

ارْتَعَدَتْ فَرَائِصِي. تَخْيِيمْ؟ هَلْ هَذِهِ هِيَ المُفَاجَأَةُ؟ لَا أُرِيدُ التَخْيِيمَ!

Il y a des bestioles qui rampent, des monstres qui vivent dans les bois et surtout, il fait nuit !
J'ai peur du noir.

تُوجَدُ حَشَرَاتٌ زَاحِفَةٌ ومُرْعِبَة وَوُحُوشٌ فِي الغَابَةِ وَسَيَكُونُ المَكَانُ مُظْلِمًا! وَأَنَا أَخَافُ العَتَمَةَ.

– Tu n'es pas excité, Mark ? me demande mon frère. C'est ton premier voyage en camping.

سَأَلَنِي أَخِي: "هَذِهِ أَوَّلُ رِحْلَةِ تَخْيِيمٍ لَكَ، أَلَسْتَ مُتَحَمِّسًا يَا مَارْكْ؟"

Je ne peux pas leur dire que j'ai peur. Ils se moqueraient de moi, alors je hausse les épaules.

لَمْ أُخْبِرْهُمْ بِأَنِّي خَائِفٌ تَجَنُّبًا لِسُخْرِيَتِهِمْ مِنِّي، فَاكْتَفَيْتُ يَهُزُّ كَتِفِي.

– On décharge, dit papa en arrêtant la voiture. Tout le monde descend !

إِثْرَ تَوَقُّفِ السَّيَّارَةِ قَالَ أَبِي: "آنَ الأَوَانُ لِوَضْعِ الأَمْتِعَةِ. انْزِلُوا جَمِيعًا!"

Je regarde autour de moi ; il fait presque nuit. Je vois beaucoup d'arbres et un lac. Est-ce que ce sont des yeux qui m'observent ?

نَظَرْتُ حَوْلِي وَقَدْ حَلَّ الظَّلَامُ. رَأَيْتُ عِدَّةَ أَشْجَارٍ وَبُحَيْرَةٍ. هَلْ تُرَاقِبُنِي تِلْكَ الأَعْيُنُ؟

– Je veux rentrer à la maison ! je crie. Il y a des monstres dans les bois. Il fait nuit et j'ai peur. J'ai besoin de ma veilleuse !

فَصَرَخْتُ: "أُرِيدُ العَوْدَةَ إِلَى المَنْزِلِ! تُوجَدُ وُحُوشٌ فِي الغَابَةِ وَالمَكَانُ مُظْلِمٌ وَأَنَا خَائِفٌ. اِحْتَاجُ إِلَى مِصْبَاحِي اللَّيْلِيِّ!"

J'entends mes frères rire, mais je m'en fiche. Je ne veux pas être ici.

انْفَجَرَ إِخْوَتِي ضَحِكًا لَكِنْ لَمْ أَكْتَرِثْ لِلْأَمْرِ. لَا أُرِيدُ البَقَاءَ هُنَا.

– Mark, mon poussin, dit papa. Je sais que la forêt a l'air effrayant, mais tu seras blotti dans ton sac de couchage à côté de nous et de tes frères. Tu n'as rien à craindre.

أَرَادَ أَبِي أَنْ يُطَمْئِنَنِي فَقَالَ لِي: "عَزِيزِي مَارْك، أَعْرِفُ أَنَّ الغَابَةَ تَبْدُو مُخِيفَةً لَكِنَّكَ سَتَحْتَضِنُ كِيسَ نَوْمِكَ يُجَاوِرُنَا وَحِذْوَ إِخْوَتِكَ. لَا شَيْءَ يَدْعُو إلى الخَوْفِ."

Dormir dehors ? Dans le noir ? Je n'aime pas ça.

عَلَيَّ النَوْمُ فِي العَرَاءِ؟ فِي العَتَمَةِ؟ لَا أُحِبُّ ذَلِكَ.

– *C'est tellement beau, les étoiles, dit maman en regardant le ciel.*

قَالَتْ أُمِي مُحَدِّقَةً فِي السَّمَاءِ: "المَكَانُ جَمِيلٌ جِدًّا تَحْتَ ضَوْءِ النُّجُومِ."

Des étoiles ? J'aime les étoiles. On ne les voit pas toujours en ville. Je lève les yeux aussi. WOW ! Je n'ai jamais vu autant d'étoiles.

نُجُومٌ؟ أَنَا أُحِبُّ النُّجُومَ وَلاَ أَتَمَكَّنُ مِنْ رُؤْيَتِهَا دَوْمًا فِي المَدِينَةِ. فَحَدَّقْتُ عَالِيًا وَيَا لَا دَهْشَتِي! لَمْ أَرَى فِي حَيَاتِي هَذَا القَدَرَ مِنْ عَدَدِ النُّجُومِ!

– *Peux-tu les compter, Mark ? demande maman.*

ثُمَّ سَأَلَتْنِي أُمِي: "هَلْ يُمْكِنُكَ عَدُّهَا يَا مَارْك؟"

Après le dîner, nous nous mettons en pyjama et nous glissons dans nos sacs de couchage.

بَعْدَ العَشَاءِ، ارْتَدَيْنَا مَلَابِسَ النَوْمِ وَاحْتَضَنَّا أَكْيَاسَ نَوْمِنَا.

J'ai la lampe de poche que papa m'a donnée.

أَعْطَانِي أَبِي مِصْبَاحًا لَيْلِيًّا،

Quand il m'embrasse pour me souhaiter bonne nuit, papa demande :
– Ça va ?

وَقَبَّلَنِي قُبْلَةَ النَوْمِ ثُمَّ سَأَلَنِي: "هَلْ أَنْتَ بِخَيْرٍ؟"

Je hoche la tête, mais j'ai encore un peu peur.

أَوْمَأْتُ بِرَأْسِي رَغْمَ أَنِّي مَازِلْتُ خَائِفًا.

Maman vient m'embrasser sur le front.

أَقْبَلَتْ أُمِي وَقَبَّلَتْ جَبِينِي.

– Tu n'as qu'à regarder le ciel et compter les étoiles, dit-elle. Il y a toujours de la lumière dans l'obscurité, Mark. Il n'y a aucune raison d'avoir peur.

وَقَالَتْ: "رَاقِبِ السَّمَاءَ وَقُمْ بِعَدِّ النُّجُومِ. هُنَاكَ دَائِمًا نُورٌ وَسَطَ العَتَمَةِ، فَلَا تَخَفْ يَا مَارِكْ."

Je commence à compter. Un, deux, trois…

بَدَأْتُ العَدَّ، وَاحِدْ، اثْنَانِ، ثَلَاثَةْ...

Les vacances en camping sont passées très vite.

مَرَّتْ فَتْرَةُ التَخْيِيمِ يِسُرْعَةٍ.

On s'est promené dans les bois. Ce n'est pas aussi effrayant en plein jour.

تَمَشَّيْنَا فِي الغَابَةِ وَلَمْ تَبْدُو مُخِيفَةً خِلَالَ وَضَحِ النَّهَارِ.

J'ai trouvé un gland et un caillou près du ruisseau. J'ai vu un cerf brouter de l'herbe et un nid sur une branche.

وَجَدْتُ بَلُّوطًا وَصَخْرَةً قُرْبَ الجَدْوَلِ وَرَأَيْتُ غَزَالًا يَأْكُلُ العُشْبَ وَعُشَّ طَائِرٍ فَوْقَ غُصْنِ شَجَرَةٍ.

On a aussi fait du canoë. J'ai vu un poisson sauter hors de l'eau et une tortue nager près de nous.

ذَهَبْنَا نُجَذِّفُ وَرَأَيْتُ أَسْمَاكًا تَقْفِزُ فَوْقَ المِياهِ وَسُلَحْفَاةً بَحْرِيَةً تَسْبَحُ جِوارَنَا.

Papa m'a appris à pêcher, et devine quoi ? J'en ai attrapé un !

عَلَّمَنِي أَبِي الصَيْدَ وَخَمِّنُوا مَاذَا حَدَثَ؟ اصطَدْتُ سَمَكَةً!

Tous les soirs, on racontait notre moment préféré de la journée.

كُلَّ مَسَاءٍ، كُنَّا نَذْكُرُ لَحَظَاتِنَا المُفَضَّلَةُ الَّتِي قَضَيناها خِلَالَ اليَوْمِ.

Quand c'était mon tour, mon moment préféré était toujours le même. J'adorais dormir à la belle étoile.

كُنْتُ أَذْكُرَ نَفْسَ اللَّحْظَةِ المُفَضَّلَةِ لَدَّي كُلَّمَا حَانَ دَوْرِي. كَمْ أَحْبَبْتُ النَوْمَ تَحْتَ ضَوْءِ النُّجُومِ.

Chaque nuit, j'essayais de les compter, mais je finissais toujours par m'endormir.

حَاوَلْتُ عَدَّ جَمِيعَ النُّجُومِ كُلَّ لَيْلَةٍ لَكِنَّ النُّعَاسَ يَغْلِبُنِي فِي كُلِّ مَرَّةٍ.

Oui, l'obscurité peut faire peur, mais la lumière des étoiles rend la nuit très jolie.

صَحِيحٌ أَنَّ الظَلَامَ مُخِيفٌ، لَكِنَّ بَرِيقَ النُّجُومِ يَجْعَلُ مِنْ سَمَاءِ اللَيْلِ لَوْحَةً فَنِيَّةً جَمِيلَةً.

Parfois, j'ai encore peur la nuit, mais alors je pense aux étoiles et je me mets à compter.

مَازَالَ الخَوْفُ يُرَاوِدُنِي لَيْلاً، لَكِّنَ سُرْعَانَ مَا يَتَبَدَّدُ كُلَّمَا تَذَكَّرْتُ النُّجُومَ وَبَدَأْتُ يعدّها.

Un, deux, trois… et je me souviens qu'il n'y a aucune raison d'avoir peur.

وَاحِدْ، اثْنَانْ، ثَلَاثَةْ... وَهَكَذَا يَتَلَاشَى الخَوْفُ.